Pas à Pas

dès

Ma méthode de
lecture
syllabique

Clémentine Delile
Orthophoniste

Jean Delile
Enseignant

Illustrée par
Caroline Romanet

Ma méthode de lecture Pas à Pas

Une méthode syllabique traditionnelle pour apprendre à lire avec Téo et Nina

● Pas à pas, en commençant par le plus simple

Les leçons suivent un ordre progressif : les lettres
les plus simples et les plus fréquentes d'abord,
les syllabes et les mots ensuite, puis les phrases
et enfin des textes.

● Sans deviner, sans inventer

Au fur et à mesure des pages, l'enfant reconnaît
les lettres, déchiffre les syllabes, lit les mots
et les phrases. Rien n'est à deviner, rien n'est à lire
globalement. En suivant l'ordre du livre, un enfant
peut tout lire en s'appuyant sur ce qu'il a déjà appris.

● Savoir bien lire

À partir de la page 64, l'enfant s'entraîne à lire
des textes à haute voix. Il découvre le plaisir
de la lecture et peut lire ses premiers petits romans.

● Avec un site Internet

Le picto en bas de page indique que l'enfant
peut prolonger son apprentissage de la lecture
sur Internet, grâce à des jeux.
Pour y accéder : www.hatierpasapas.com

Syllabes avec
la lettre de la leçon
et son écriture
en cursive.

Mots contenant
des lettres et syllabes
déjà apprises,
avec, en plus,
la lettre de la leçon.
À lire colonne après
colonne.

Phrases à lire.

Phrase écrite
en cursive qui
peut être recopiée.

Syllabes déjà
étudiées.

Conception graphique et mise en page : Al'Solo
Édition : Stéphanie Simonnet assistée de Stéphanie Ribeaud

Hatier s'engage pour
l'environnement en réduisant
l'empreinte carbone de ses livres.
Celle de cet exemplaire est de :
650 g éq. CO_2
Rendez-vous sur
www.hatier-durable.fr

PAPIER À BASE DE
FIBRES CERTIFIÉES

Achevé d'imprimer en Espagne par Macrolibros
Dépôt légal 97878 4 / 03 - Décembre 2016

Apprends à lire **Pas à Pas**

Lettre de la leçon.

Mot à dire pour mieux retenir :
« C'est le **c** de **canard**. »

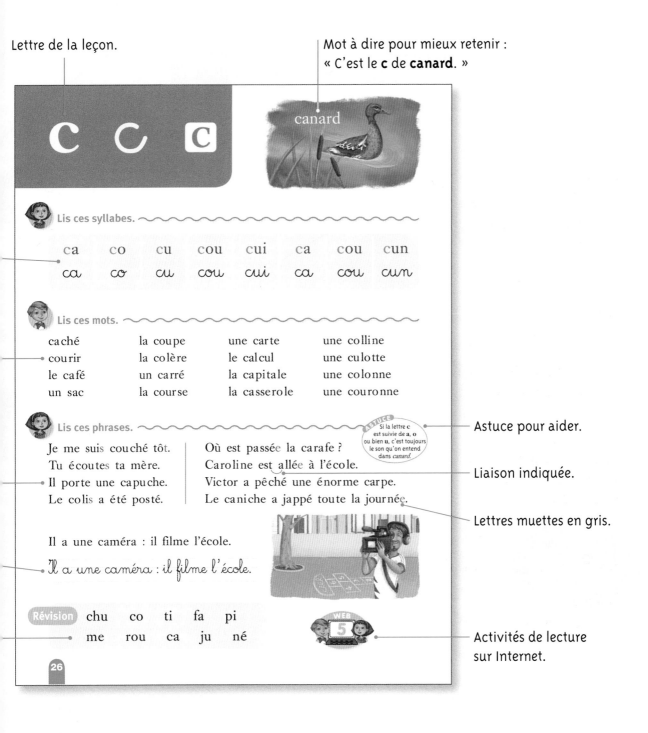

canard

C C C

Lis ces syllabes.

| ca | co | cu | cou | cui | ca | cou | cun |

Lis ces mots.

caché	la coupe	une carte	une colline
courir	la colère	le calcul	une culotte
le café	un carré	la capitale	une colonne
un sac	la course	la casserole	une couronne

Lis ces phrases.

Je me suis couché tôt.
Tu écoutes ta mère.
Il porte une capuche.
Le colis a été posté.

Où est passée la carafe ?
Caroline est allée à l'école.
Victor a pêché une énorme carpe.
Le caniche a jappé toute la journée.

ASTUCE
Si la lettre c est suivie de **a, o** ou bien **u**, c'est toujours le son qu'on entend dans *canard*.

Astuce pour aider.

Liaison indiquée.

Lettres muettes en gris.

Il a une caméra : il filme l'école.

Il a une caméra : il filme l'école.

Révision chu co ti fa pi
me rou ca ju né

WEB 5

Activités de lecture sur Internet.

26

La présentation des dix premières leçons est adaptée au tout début de l'apprentissage. Comme à ce stade l'enfant ne connaît pas assez de lettres pour pouvoir lire, les mots contenant la lettre de la leçon sont illustrés. En prononçant chaque mot, l'enfant entend et reconnaît la lettre qui est écrite sous le dessin.

Progression
de la méthode

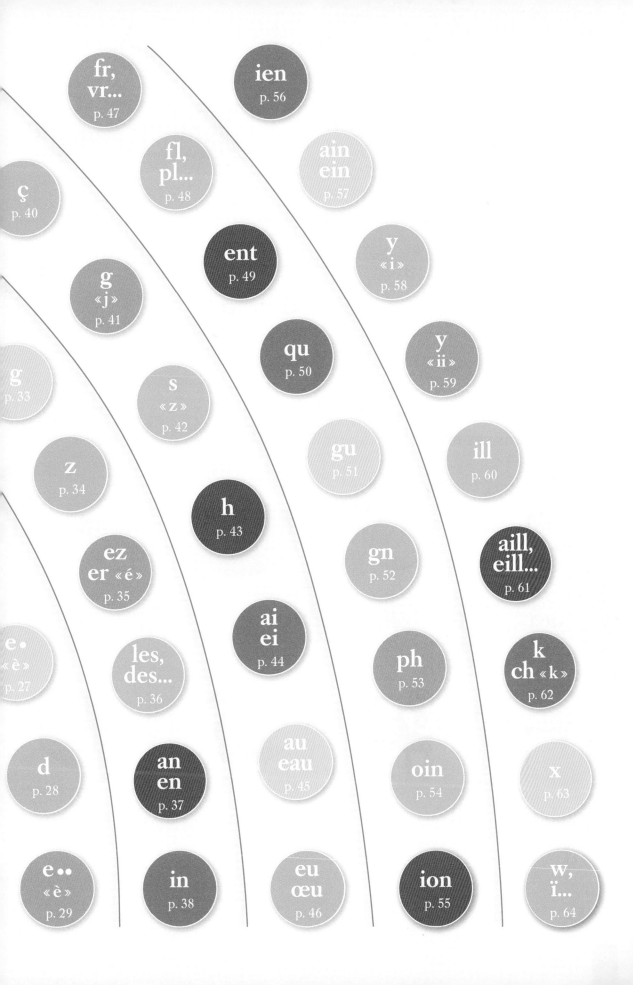

a a A

chat

 Regarde bien la lettre a.

a a a a a a a a a a

a a a a a a a a a a

ASTUCE
Le second dessin
du a imprimé ressemble
au **a** écrit à la main :
chat = ch**a**t.

 Trouve a dans ces mots.

a Nina

a balle

a sac

a rat

a table

a vache

a cane

a valise

ASTUCE
Si la lettre a est « mariée »
à une autre lettre, on n'a plus
le son « a » : an, au, ai…

i i 𝒾 I

pie

i i a i i a a i a i a

𝒾 𝒾 𝒶 𝒾 𝒾 𝒶 𝒾 𝒶 𝒾 𝒶

Trouve **i** dans ces mots.

i nid   i lit   i livre   i radis

i souris   i bougie   i niche   i fourmi

o 𝒐 O

robot

Lis les lettres o, i et a.

o	o	i	a	a	o	o	a	o	i	a
o	o	i	a	a	o	o	a	o	i	a

Trouve O dans ces mots.

O   Téo

O   rose

O   vélo

O   piano

O   coq

O   carotte

O   bol

O   pomme

cheval

Lis les lettres a, o, i et e.

e   a   e   i   o   e   i   e   e   a

e   a   e   i   o   e   i   e   e   a

ASTUCE

La lettre **e** est celle qu'on trouve le plus souvent dans les mots.

Trouve e dans ces mots.

e   renard

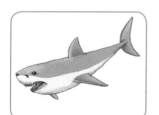

e   requin

e   menu

e   melon

e   cerise

e   chemise

e   fenêtre

e   chemin

ASTUCE

On ne prononce pas toujours le **e** quand on parle : *un ch'val, la lun'.* Mais on l'écrit toujours.

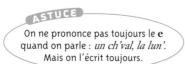

WEB
1

u u U

lune

Lis ces cinq voyelles.

u	e	i	u	a	u	o	u	u	e
u	e	i	u	a	u	o	u	u	e

ASTUCE

La lettre **u**
se prononce comme si
on voulait siffler.

Trouve u dans ces mots.

u   fusée

u   ruche

u   tulipe

u   tortue

u   cube

u   plume

u   mûre

u   pull

ASTUCE

Si la lettre **u** est mariée
à une autre lettre, on n'a plus le son « u » :
ou, au, eu, qu...

é   *é*   É

étoile

Lis ces voyelles.

é   i   u   é   a   e   é   o   a   é
é   i   u   é   a   e   é   o   a   é

> **ASTUCE**
> Le **é** ressemble
> à un **e** avec une virgule
> sur la tête !

Trouve é dans ces mots.

é   fée

é   bouée

é   café

é   clé

é   dé

é   poupée

é   canapé

é   blé

> **ASTUCE**
> Depuis qu'on a des ordinateurs,
> on a même l'accent de **é**
> sur la majuscule : É.

11

è, ê è, ê

chèvre   tête

 Lis ces voyelles.

è	ê	e	a	é	u	i	è	o	ê
è	ê	e	a	é	u	i	è	o	ê

ASTUCE

è et ê se prononcent en ouvrant davantage la bouche que pour é.

 Trouve è dans ces mots.

è zèbre   è lièvre   è trèfle   è flèche

 Trouve ê dans ces mots.

  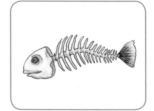 

ê pêche   ê guêpe   ê arête   ê fête

ASTUCE

Dans les mots, è et ê sont toujours à la fin d'une syllabe : *zè-bre, pê-che.*

S ᔕ S s

souris

Lis ces syllabes.

sa	sé	si	su	se	so	sè	sê
sa	sé	si	su	se	so	sè	sê

ASTUCE

À la fin d'un mot,
s ne se prononce pas toujours : *souris.*
On dit qu'il est muet !

Trouve S dans ces mots.

S   os

S   as

S   sapin

S   ours

S   singe

S   sel

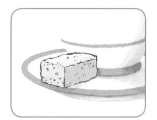

S   sucre

S   poisson

ASTUCE

Le son « s » est facile à entendre car
on peut le prolonger : *sssouris.*
Il peut s'écrire avec ss : *poisson.*

WEB
2

V v 𝓋 V

vélo

Lis ces syllabes.

| vé | vi | va | vo | vê | vu | ve | vè |

vé vi va vo vê vu ve vè

Trouve V dans ces mots.

V   vase

V   vis

V   voiture

V   veste

V   volet

V   verre

V   volant

V   lavabo

ASTUCE

La lettre **v**, c'est toujours le son « v ».
Il est facile à entendre car on peut
le prolonger : *vvvélo*.

j j J

jumelles

Lis ces syllabes.

ja   ju   jo   jé   ji   je   jo   ju

ja   ju   jo   jé   ji   je   jo   ju

> **ASTUCE**
> Comme le **i**, la lettre **j**
> a un petit point,
> mais elle descend plus bas.

Trouve j dans ces mots.

j   jupe

j   jeton

j   joue

j   journal

j   jaune

j   judo

j   jardin

j   pyjama

> **ASTUCE**
> La lettre **j**, c'est toujours le son « j ».
> Il est facile à entendre car on peut
> le prolonger : *jjjjumelles*.

1 l *l* L

lapin

Lis ces syllabes.

le	la	li	lé	lu	lè	lo	la
le	*la*	*li*	*lé*	*lu*	*lè*	*lo*	*la*

Lis ces mots en marquant les syllabes.

lève	sale	volé	olive
lave	sali	allé	salué
levé	salé	joli	avalé

ASTUCE
sale et la *salle* : avec **deux l**, la lecture ne change pas.

Lis ces mots.

le lit	le sol	le vélo
le lilas	la salle	la vallée

Lis cette phrase.

Il a vu, il a lu, il a su.

Il a vu, il a lu, il a su.

Révision

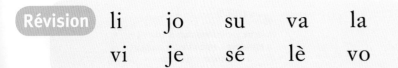
li	jo	su	va	la
vi	je	sé	lè	vo

ASTUCE
Le **l** minuscule ressemble au **i** majuscule : *lit* et *Il* (= *il*). Le **i** majuscule est au début d'une phrase ou d'un nom propre.

r r r **R**

renard

Lis ces syllabes.

| ra | ri | rê | ru | ré | ro | re | rè |

ra ri rê ru ré ro re rè

Lis ces mots en marquant les syllabes.

| sur | rire | lire | rôle |
| rare | ravi | salir | sirop |

Lis ces mots.

la rue	il rira	il salera
la revue	il lira	il avalera
la rivière	il volera	il se lavera

Lis cette phrase.

Il a réussi, il arrive, il rêve.

Il a réussi, il arrive, il rêve.

révision | ju | sa | ré | ve | lu |
| | ro | sê | vé | lo | ja |

ASTUCE
Un mot qui a **rr** se prononce comme s'il avait un seul r : *arrive.*

WEB 3

m m m M

mouton

Lis ces syllabes.

ma	mè	mi	me	mé	mo	mu	mê
ma	mè	mi	me	mé	mo	mu	mê

Lis ces mots en marquant les syllabes.

même	larme	rime	mûrir
mêlé	armée	rame	allumé

Lis ces mots.

le mur	la mule	le lama
la mie	le mime	la masse
le mari	la momie	la somme
ma lime	ma mère	il a mal

ASTUCE
Compte les trois jambes du **m** pour reconnaître cette lettre et ne pas la confondre avec **n** qui en a deux.

Lis cette phrase.

Il a ramassé six mûres.

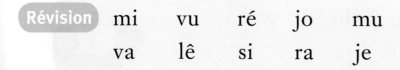

Révision

mi	vu	ré	jo	mu
va	lê	si	ra	je

18

f *f* F

fourmi

Lis ces syllabes.

fi	fu	fê	fo	fè	fa	fé	fe
fi	*fu*	*fê*	*fo*	*fè*	*fa*	*fé*	*fe*

Lis ces mots en marquant les syllabes.

fo rêt	fo ssé	fo lie	fa vo ri
fu mée	far fe lu	affo lé	affa mé

Lis ces mots.

la fée	le film	fort
le fil	je fil me	la for me
la file	il fil me	le fé mur
la fève	il a fil mé	la for mu le

> **ASTUCE**
> Un mot qui a **ff** se prononce comme s'il avait un seul **f** : *affamé.*

Lis cette phrase.

Il a réussi : il a filmé le favori.

Il a réussi : il a filmé le favori.

ARRIVÉE

évision

fo	ju	la	fê	mo
re	sè	fi	vé	ri

> **ASTUCE**
> La lettre **f**, c'est toujours le son « f ». Il est facile à entendre car on peut le prolonger : *fffourmi.*

n n n N

Nina

 Lis ces syllabes.

| nê | na | nè | nu | ne | ni | né | no |

nê   na   nè   nu   ne   ni   né   no

 Lis ces mots en marquant les syllabes.

| la lune | le renard | le menu | normal |
| l'âne | une année | le navire | revenu |

 Lis ces mots.

le nid	la farine	l'animal
le nord	une niche	il a fini
la nuit	une manie	il a sonné
le numéro	une avenue	il a ramené

ASTUCE
Au début
d'une syllabe,
la lettre **n** correspond
toujours au son « n » :
re-*nard*, lu-*ne*.

 Lis cette phrase.

Le renard va revenir la nuit.

Le renard va revenir la nuit.

Révision   na   lè   mi   ro   nu
               je   sé   vê   ri   lu

ASTUCE
Si la lettre **n**
est mariée à une autre lettre,
on n'a plus le son « n » :
on, an, en, in...

ou ou

loup

Lis ces syllabes.

mou	nou	rou	sou	vou	lou	fou	jou
mou	nou	rou	sou	vou	lou	fou	jou

Lis ces mots.

la joue	une souris	l'ours	le journal
le four	une moule	le jour	la journée
une roue	la mousse	la foule	une fourmi

Lis ces phrases.

> **ASTUCE**
> Avec **ou**, les deux lettres o et u sont mariées et représentent un seul son : « ou ».

Il se réjouit.

Il a lavé la roue.

Il a noué le foulard.

Il a soulevé le lit.

Nina a souri à sa mère.

Il a voulu lire le journal.

La souris joue sous le lit.

La souris joue sous le lit.

évision

fou	su	vo	ja	mou
ru	mo	rou	né	vou

WEB 4

21

ch ch

chameau

 Lis ces syllabes.

cha	che	cho	chou	ché	chi	chu	chè
cha	che	cho	chou	ché	chi	chu	chè

 Lis ces mots.

le chat	le fichu	une ruche	une mouche
le chou	le marché	une vache	une louche
le cheval	la cheminée	une fiche	une souche

 Lis ces phrases.

Il a lu l'affiche.   Il a une mèche rousse.

Il a lâché le vélo.   Nina a une jolie chevelure.

Michèle se mouche.   Il a lavé la louche à la machine.

Le chat a chassé la souris.

Le chat a chassé la souris.

Révision fa   me   so   chu   mou
            vé   ri   cha   lê   jo

ASTUCE
Avec **ch**, les deux lettres **c** et **h** sont mariées et représentent un seul son « ch ». On peut le prolonger : *chchchat*.

22

un   est
un   *est*

un chat : il est joli

Lis ces mots en marquant les liaisons.

une mûre   une louve   une vache   une élève
une olive   un loup   un cheval   un élève
un ananas   un mâle   un animal   un ami

Lis ces phrases.

Il a un chat.   Il est joli.   Il est là.
Il a un ours.   Il est sale.   Il est lavé.
Il a un vélo.   Il est arrivé.   Il est revenu.

Anne a vu un rat : il est sur le mur.

Jules est sur le cheval : il a mis un foulard.

ASTUCE
Les lettres **u** et **n** sont mariées pour écrire le petit mot « un » qui a un seul son : *un chat.*

Nina a un chat : il est sous le lit.

Nina a un chat : il est sous le lit.

révision   un   le   une   la
                ma   sa   il a   il est

ASTUCE
Le petit mot **est** se prononce « è ». On le trouve très souvent pour dire comment on **est** : *le chat est joli.*

23

p ρ P

pomme

Lis ces syllabes.

po	pé	pa	pê	pi	pu	pe	pou
po	pé	pa	pê	pi	pu	pe	pou

Lis ces mots.

une pile   le passé   une épée   la soupe
la poche   une pilule   une épine   la loupe
la purée   un poème   une vipère   la peluche

Lis ces phrases.

Le léopard ne chasse pas le jour.
Le vélo est réparé : il est à Jérémie.
Une jolie péniche est passée sur la rivière.
Papa part pour le Pérou. Il a un passeport.

ASTUCE
Le son « p »
est un son bref,
comme une petite explosion
faite avec les lèvres.

Mamie pèle une pêche pour Nina.

Mamie pèle une pêche pour Nina.

Révision

ro	fi	mê	pé	sa
chu	ni	jou	vu	lè

ASTUCE
Le mot très simple
papa aide à se rappeler
le dessin de la lettre **p**.

t t T

tortue   Téo

ti	tê	ta	tou	té	tu	te	to
ti	tê	ta	tou	té	tu	te	to

Lis ces mots.

une tasse	un tissu	une tarte	la fête
une tulipe	un rôti	un pétale	un pilote
une toupie	la vérité	un matelas	la poste
une tomate	une tartine	une tirelire	un pétard

Lis ces phrases.

Il va à la pâtisserie.
Tu as mal à la tête ?
Il a tapé à la porte.
Le petit âne est têtu.

Téo a toussé toute la nuit.
Louis a acheté un tournevis.
Il porte toujours une écharpe.
Il a attaché le cheval à un chêne.

Le pirate a jeté l'or sur la nappe.

Le pirate a jeté l'or sur la nappe.

révision

pa	ti	su	che	mou
vo	ra	lu	ni	fé

ASTUCE

La lettre t
représente un son bref,
le son « t ». Mais elle peut être muette
en fin de mot : *la nuit.*

25

C C c

canard

Lis ces syllabes.

| ca | co | cu | cou | cui | ca | cou | cun |

ca co cu cou cui ca cou cun

Lis ces mots.

caché	la coupe	une carte	une colline
courir	la colère	le calcul	une culotte
le café	un carré	la capitale	une colonne
un sac	la course	la casserole	une couronne

Lis ces phrases.

ASTUCE
Si la lettre **c** est suivie de **a, o** ou bien **u**, c'est toujours le son qu'on entend dans *canard*.

Je me suis couché tôt.
Tu écoutes ta mère.
Il porte une capuche.
Le colis a été posté.

Où est passée la carafe ?
Caroline est allée à l'école.
Victor a pêché une énorme carpe.
Le caniche a jappé toute la journée.

Il a une caméra : il filme l'école.

Il a une caméra : il filme l'école.

Révision   chu   co   ti   fa   pi
          me   rou   ca   ju   né

WEB
5

26

e consonne « è »

merle

« e » ➝ re   te   ve   se   pe   ne   me

« è » ➝ rep   tel   ves   sec   per   nec   mer

Lis ces mots.

avec	versé	un jouet	manuel
la lecture	avertir	un cachet	naturel
le fer	une perle	un carnet	maternel
la mer	une alerte	un navet	un caramel

Lis ces phrases.

Le vernis est sec.   La pomme est verte.
Je cherche ma veste.   Le chef nous a servi le café.
Tu es allé à la ferme ?   Un merle est perché sur le mur.
Il a terminé sa lecture.   Il a vu un reptile sous le cactus.

Le cheval est à l'écurie avec le mulet.

Le cheval est à l'écurie avec le mulet.

Révision   se   sel   ve   ver   me

mel   fe   fer   te   ter

> **ASTUCE**
> Si un e est
> à l'intérieur d'une syllabe,
> on lit « è » et il n'a pas besoin
> d'accent grave : *un mer-le.*

d d D

dauphin

Lis ces syllabes.

di	du	dou	da	dé	do	de	dè
di	du	dou	da	dé	do	de	dè

Lis ces mots.

déjà	rapide	une pédale	la date
depuis	fidèle	un cadenas	un radis
dessus	perdu	un domino	une maladie
dessous	timide	la cascade	une pommade

Lis ces phrases.

Je me dépêche.

Démarre vite !

Tu es devenu fou !

Il m'a dit de revenir.

Tomi a du chocolat sur la joue.

Nadine m'a donné de la limonade.

David est malade depuis dix jours.

Le départ sera donné mardi à midi.

Daniel assistera à un défilé de mode.

Daniel assistera à un défilé de mode.

Défilé

demain soir

Révision

sè	ni	lou	du	ra
pé	ta	co	di	chu

e consonne •• consonne « è »

lunettes

Lis ces groupes de lettres.

ell	ess	ett	err	enn	eff	edd
ell	ess	ett	err	enn	eff	edd

Lis ces mots.

une pelle   un effort   un verre   une cuvette
la chapelle   la messe   la terrasse   une couchette
une échelle   la paresse   un renne   une devinette
une femelle   une caresse   le tennis   une omelette

Lis ces phrases.

Elle a appelé Nina.   Linette a vu une chouette.
Elle appelle Téo.   Il a tiré la sonnette d'alarme.
Elle a jeté de la terre.   Où est la cachette de Juliette ?
Elle jette une pierre.   La serrure de la porte est fermée.

Elle m'a donné une assiette, puis un verre.

Elle m'a donné une assiette, puis un verre.

évision   pe   vel   rell   fe   ferr
              re   res   ne   net   tenn

ASTUCE
Avant une consonne double,
e se lit très souvent « è », sans avoir besoin
d'accent grave : *lunet-tes*.

oi *oi*

poisson

 Lis ces syllabes.

toi	noi	foi	coi	poi	choi	soi	voi
toi	*noi*	*foi*	*coi*	*poi*	*choi*	*soi*	*voi*

 Lis ces mots.

le roi   la soirée   une poire   une voiture

la joie   un tiroir   une voile   une armoire

un mois   le couloir   la toile   la toilette

une fois   un devoir   la toiture   un mouchoir

 Lis ces phrases.

L'animal a soif.   Téo a une couronne de roi.

Nina voit une étoile.   Le soir, le chat court sur le toit.

Il a mal à un doigt.   Il a cassé une noix avec une pierre.

Où as-tu caché le miroir ?   Le jouet est à moi, il n'est pas à toi.

Une fois, le chat a dormi sur l'armoire.

Une fois, le chat a dormi sur l'armoire.

Révision sa joi lu moi rou

ta fi po doi cui

ASTUCE
Avec oi,
les deux lettres o et i
sont mariées et représentent
toujours le même son :
« oi » de *poisson*.

WEB
6

30

b ℓ B

biche

Lis ces syllabes.

bo   bê   bi   be   bou   ba   boi   bu

bo   bê   bi   be   bou   ba   boi   bu

Lis ces mots.

un bol	bébé	une bosse	un lavabo
une balle	bâtir	une bête	une cabine
une bulle	boire	un cube	un débarras
du bois	un bec	une banane	immobile

Lis ces phrases.

Je suis tout ébouriffé.
Tu es allé à la boucherie.
Elle a mis sa robe verte.
Bernard a bêché la terre.

Il jette les ordures à la poubelle.
Ma boule est à côté du cochonnet.
Bébé avale une bouchée de purée.
Le chat joue avec une bobine de fil.

Il m'a offert une belle boîte de chocolats.

Il m'a offert une belle boîte de chocolats.

Révision   roi   pa   li   bé   co

dou   tu   ne   jo   fi

ASTUCE
Comme p, d et q,
la lettre b est formée d'un rond et
d'une grande barre. Pour b, la barre est en haut
et elle est suivie du rond.

on on

ballon

Lis ces syllabes.

bon	pon	ron	son	mon	ton	fon	don
bon	pon	ron	son	mon	ton	fon	don

Lis ces mots.

bon	bonjour	un mouton	le talon
rond	bonsoir	un bouchon	un melon
long	le monde	un torchon	la confiture
marron	du savon	une boisson	une réponse

Lis ces phrases.

Ils font la ronde.

Ils sont sur le pont.

Mon chat ronronne fort.

Donne-lui le tire-bouchon.

Je vois un mouton sur la colline.

Tu as fini de boire ton biberon ?

On a acheté un pot de cornichons.

Il boutonne son polo.

ASTUCE
Si **on** est suivi d'un autre **n**, on prononce les sons « o » et « n » séparément : *bouto-nne*.

Ils vont à la fête avec tout le monde.

Ils vont à la fête avec tout le monde.

ASTUCE
La lettre **n** s'écrit **m** avant les lettres **m, b, p**. Le son « on » s'écrit alors **om**.

Particularité

une pompe	la tombola	un compas
une bombe	une colombe	tombé

32

g g G

gâteau

Lis ces syllabes.

ga	go	gu	gon	gou	go	goi	gun
ga	go	gu	gon	gou	go	goi	gun

Lis ces mots.

un gag	une goutte	une rigole	un égout
la gare	la gamme	un ragoût	une galerie
le garde	une gomme	le regard	une garderie
la figure	une gondole	une virgule	un escargot

Lis ces phrases.

Je regarde la carte.
As-tu goûté le sirop ?
Il a gardé sa veste.
Le cheval galope.

Téo a avalé la fève de la galette !
Le goujon est un petit poisson.
La tarte est bonne : on se régale.
La pomme de terre est un légume.

Elle a garé sa voiture à côté de la gare.

Elle a garé sa voiture à côté de la gare.

évision

toi	cou	go	bon	ma
pi	dé	ru	goi	cho

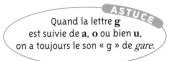

ASTUCE
Quand la lettre **g**
est suivie de **a, o** ou bien **u**,
on a toujours le son « g » de *gare*.

33

z *z* z

zèbre

Lis ces syllabes.

za	zi	zo	zon	zè	zu	zou	ze
za	*zi*	*zo*	*zon*	*zè*	*zu*	*zou*	*ze*

Lis ces mots.

zéro	le gaz	un zoo	le gazon
onze	une zone	un zébu	un bazar
douze	un zigzag	un zeste	la gaze
bizarre	le zèle	un zouave	le colza

Lis ces phrases.

On a vu une gazelle.

Tu as dit « zut » ?

Le zébu a une bosse.

Une année a douze mois.

Un lézard vert court sur le mur.

Elle est allée sur la Côte d'Azur.

Il a terminé onzième de l'étape.

La zibeline a une jolie fourrure.

Téo a vu un objet bizarre sur le gazon.

Téo a vu un objet bizarre sur le gazon.

Révision   gon   ba   zou   si   voi
ju   fé   do   zoi   ca

WEB
7

34

ez, er «é»

nez
jouer

Lis ces syllabes.

chez	nez	vez	lez	mez	bez	rez	dez

chez nez vez lez mez bez rez dez

Lis ces mots.

le nez	allez	jouer	le dîner	fermer
chez	sortez	mener	le souper	chercher
assez	restez	donner	un boucher	diminuer
tirez	venez	porter	le papier	un escalier

Lis ces phrases.

ASTUCE
Le petit mot **et**
se lit toujours
« é ».

Je l'écoute parler.
Allez vous cacher !
Voulez-vous jouer ?
Couchez-vous et dormez.

Ne parlez pas et regardez !
On a vu une voiture s'arrêter.
Son père va le chercher à la gare.
Il a de la confiture sur le bout du nez !

Samedi, Nina ira dîner chez son amie.

Samedi, Nina ira dîner chez son amie.

ASTUCE
er et **ez** se lisent
très souvent « é » à la fin
des mots. Dans quelques
mots simples, on lit « è.r » :
le fer, la mer, l'hiver...

exceptions

le fer	la mer	l'hiver	un ver
cher	amer	hier	super

35

les, des, mes, tes, ses

les chats

Lis « chats » avec ces petits mots.

| les chats | des chats | mes chats | tes chats | ses chats |
| les chats | des chats | mes chats | tes chats | ses chats |

Lis ces mots.

le renard – les renards
la fourmi – les fourmis
un mouton – des moutons
une vache – des vaches

mon pull – mes pulls
ma veste – mes vestes
ta voiture – tes voitures
son poisson – ses poissons

ASTUCE

Dans *les, des, mes, tes, ses,* **es** se lit « é ».
Il indique le pluriel
(= il y en a plusieurs).

Lis ces phrases.

Je casse des noix.
Tu as mis tes bottes.
Il appelle les pompiers.
On a déjà fermé les volets.

Ils ont joué avec mes dominos.
Elle m'a donné tous ses jouets.
On a coupé les pommes de terre.
Achète des tomates ou des carottes.

Ses amis lui ont apporté des bonbons.

Ses amis lui ont apporté des bonbons.

Particularité   un ours, des ours   une souris, des souris
la noix, les noix   le bois, les bois

36

an   en
an   en

pente   manchot

man   pan   gan   ban   pen   den   ten   len

man   pan   gan   ban   pen   den   ten   len

Lis ces mots.

ASTUCE
les lettres **a.n** et **e.n** sont mariées pour représenter le même son.

dans   un chant   le vent   lent
sans   des gants   les dents   content
dimanche   un banc   le menton   enfiler
gourmand   un rang   un sentier   entasser

Lis ces phrases.

Je suis un enfant.   Il a mis son pantalon à l'envers.
Comment vas-tu ?   On a ri, on a chanté, on a dansé.
Il est encore en retard.   Un ouragan a arraché les tentes.
Elle attend ses parents.   Maman a entendu ta chanson.

Téo et Nina ont vu un goéland.

Téo et Nina ont vu un goéland.

articularité   un champ   un camp   un tambour
                    le temps   emmener   emporter

ASTUCE
La lettre **n** s'écrit **m** avant les lettres **m, b, p**. Le son « an » s'écrit alors **am** ou **em**.

in in

poussin

Lis ces syllabes.

| tin | pin | din | sin | rin | min | fin | lin |

tin pin din sin rin min fin lin

Lis ces mots.

la fin	le matin	inviter	un sapin
enfin	un jardin	inventer	un insecte
le vin	un marin	inconnu	un câlin
un pin	un moulin	infirme	un bassin

Lis ces phrases.

Il n'a pas goûté le boudin.
Il n'est pas toujours malin !
Valentin a un tambourin.
Elle partira de bon matin.

Interdit de rouler sur le chemin !
Il va avoir des patins pour sa fête.
Un torrent coule dans le ravin.
Les poussins se sont enfin endormis.

Un petit lapin court dans le jardin.

Un petit lapin court dans le jardin.

Particularité impoli important une timbale
un chimpanzé limpide une impasse

ASTUCE
Comme dans **on**, an et en, la lettre n de in peut devenir m avant m, b, p. Le son « in » s'écrit alors **im**.

C   « s »

cerise

Lis ces syllabes.

ce	ci	cin	cen	cir	cer	cé	cep

ce   ci   cin   cen   cir   cer   cé   cep

Lis ces mots.

cent	une puce	merci	une cigale
celui-ci	une pièce	facile	du ciment
celle-ci	le silence	la cime	un circuit
le ciel	la police	le cinéma	décider

> **ASTUCE**
> Si la lettre **c** est suivie d'un **e** ou d'un **i**, elle représente toujours le son « s » : *cerise, merci.*

Lis ces phrases.

Ton chat a des puces !
C'est un animal féroce.
Maman berce son bébé.
Tu as réussi, je te félicite.

Ces sucettes sont un délice.
Lucile et Alice sont jumelles.
Merci d'avoir ciré mes bottines !
La tortue se cache dans sa carapace.

Célia suce son pouce en s'endormant.

Célia suce son pouce en s'endormant.

révision

cen	can	cu	cui	ci
cin	co	coi	cou	cé

WEB
8

ç ç Ç

garçon

Lis ces syllabes.

ça	ço	çu	çon	çoi	çan	çou	çoir
ça	ço	çu	çon	çoi	çan	çou	çoir

Lis ces mots.

la leçon	la façade	il reçoit	un reçu
le garçon	il rinça	il aperçoit	une façon
un maçon	il dénonça	nous lançons	menaçant
une rançon	elle avança	nous rinçons	des soupçons

Lis ces phrases.

Je reçois un colis.	Comment ça va, ce matin ?
Il me lança la balle.	Il porte des caleçons en coton.
Avançons lentement.	C'est un escalier en colimaçon.
La balançoire est réparée.	Mon chat a aperçu une souris.

Le commerçant a reçu une commande de jouets.

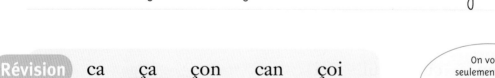

Le commerçant a reçu une commande de jouets.

Révision

| ca | ça | çon | can | çoi |
| ço | cu | co | çu | cou |

ASTUCE

On voit **ç** seulement avant les lettres **a**, **o**, **u**. La cédille indique que la lettre **c** se lit « s » : *garçon*.

g «j»

girafe

Lis ces syllabes.

ge	gi	gen	gin	gé	gea	ger	geo
ge	gi	gen	gin	gé	gea	ger	geo

Lis ces mots.

une page	rugir	nager	le genou
un orage	un gilet	bouger	les gens
le cirage	un cageot	manger	un gendarme
une bougie	un pigeon	ranger	des nageoires

Lis ces phrases.

Ce garçon est gentil.

On a bu de l'orangeade.

Le lapin ne bougea pas.

Ils ont encore déménagé.

Il est agile comme un singe.

C'est urgent ! C'est dommage !

Les bourgeons ont gelé cette année.

Elle a rougi car elle a dit un mensonge.

Papa a changé la roue de la voiture dans le garage.

Papa a changé la roue de la voiture dans le garage.

Révision

ga	gou	gel	gon	gen
gan	goi	gin	geoi	geon

ASTUCE

Quand la lettre **g**
est suivie de **e** ou de **i**,
on entend toujours le son « j » :
page, girafe.

41

S « z »

rose

 Lis ces groupes de lettres.

asa	aso	asi	ase	asu	isa	osi	use
asa	aso	asi	ase	asu	isa	osi	use

 Lis ces mots.

un vase	une valise	une usine	le désert
une fusée	une pelouse	une ardoise	choisir
une cerise	une bêtise	un résumé	s'amuser
le visage	un musée	une chemise	un arrosoir

 Lis ces phrases.

Tu as osé refuser ?

Nina a fini son dessert.

Il refuse de dire une poésie.

Le poisson nage. Le poison tue.

Un touriste s'est perdu dans le désert.

Elle a posé un vase sur la cheminée.

Il s'est pesé, lavé, rasé, puis il a recousu un bouton de sa chemise.

Dans le magasin, ma cousine a choisi un pull rose.

Dans le magasin, ma cousine a choisi un pull rose.

Révision asso   isa   ési   essu   ise

issu   osu   ossu   asé   osse

ASTUCE

Si le s se trouve entre deux voyelles, c'est toujours le son « z ».

h h *h* H

hibou

ha   ho   rhu   hon   hou   hu   hé   rha

ha   ho   rhu   hon   hou   hu   hé   rha

> **ASTUCE**
> Le **h** ne se prononce pas.
> S'il empêche les liaisons,
> on l'appelle **h aspiré** :
> *des haricots.*

Lis ces mots.

le thé	des habits	un hôpital	un haricot
le thon	un hôtel	une horloge	une harpe
dehors	l'huile	l'habitude	un hareng
un rhume	un homme	un habitant	un hérisson

Lis ces phrases.

Il habite une forêt hantée. | Dehors, un loup hurle à la lune.

Le hanneton est un insecte. | Son hélicoptère est dans le hangar.

Je vois un navire à l'horizon. | La marmotte dort l'hiver : elle hiberne.

Le héron a un long bec. L'hirondelle vole vite. Le hibou chasse la nuit.

Le héros de l'histoire dort dans un hamac.

Le héros de l'histoire dort dans un hamac.

> **ASTUCE**
> Si le **h** n'empêche pas
> les liaisons,
> on l'appelle **h muet** :
> *des habits.*

évision

chu	rha	bo	hou	gin
coi	vez	thé	zon	dan

ai ei
ai ei

maison   neige

 Lis ces syllabes.

cai	rai	lai	mai	pei	nei	sei	rei
cai	rai	lai	mai	pei	nei	sei	rei

 Lis ces mots.

gai	une aile	un balai	la reine
épais	la haie	la laine	la peine
faire	une paire	une chaise	une veine
l'air	se taire	une caisse	une baleine

 Lis ces phrases.

– Je vais faire les courses.

– Tu as ton porte-monnaie ?

– Oui, mais je n'ai pas d'argent.

– En voici. Achète du lait.

Ma cousine Lili a seize ans.

J'ai une veste beige en laine.

Il fait mauvais temps ce soir.

Le capitaine n'est jamais venu.

La mairie est la maison à côté de la fontaine.

La mairie est la maison à côté de la fontaine.

Révision   noi   bou   nai   fon   lei
pin   tai   fan   pei   bai

ASTUCE
Les lettres **ai** et **ei** se lisent « è », comme è ou ê, et aussi comme e suivi d'une consonne.

WEB 9

au   eau

au   eau

chapeau
jaune

Lis ces syllabes.

| mau | vau | sau | gau | teau | peau | deau | ceau |

mau vau sau gau teau peau deau ceau

Lis ces mots.

faux	une taupe	un bateau	la peau
chaud	une faute	un oiseau	un couteau
autour	un landau	un taureau	des poireaux
en haut	le chauffage	un chameau	des rideaux

Lis ces phrases.

Téo aura un beau cadeau.
Il faut boire un verre d'eau.
Le chat saute sur le bureau.
Il a vu un taureau sauvage.

Enlève ton manteau, il fait chaud.
Un corbeau est perché sur le poteau.
Bébé joue avec un seau et un râteau.
Devant le château, tournez à gauche.

La fauvette, le moineau et le corbeau sont des oiseaux.

La fauvette, le moineau et le corbeau sont des oiseaux.

ASTUCE

Dans **au**,
les deux lettres **a** et **u**
se prononcent « o ».
Dans certains mots, un **e** est
ajouté, mais on lit toujours
« o » : *un chapeau.*

Révision

sai	sau	deau	dou	chai
gan	gai	cha	chau	rei

45

eu   œu

eu   *œu*

jeu
cœur

 Lis ces syllabes.

jeu	feu	reu	leu	sœu	bœu	vœu	nœu
jeu	*feu*	*reu*	*leu*	*sœu*	*bœu*	*vœu*	*nœu*

 Lis ces mots.

neuf	jeu di	peu reux	un œuf	un dan seur
seul	le feu	heu reux	ma sœur	un ven deur
deux	je peux	les che veux	un nœud	la hau teur
jeu ne	il peut	la cou leur	un bœuf	la lar geur

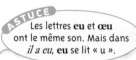
ASTUCE
Les lettres **eu** et **œu** ont le même son. Mais dans *il a eu*, **eu** se lit « u ».

 Lis ces phrases.

J'ai fait un vœu pour toi.

Jeu di, j'irai chez le coiffeur.

Il est re ve nu à neuf heu res.

Le la pin a eu peur du chasseur.

Maman a fait cui re deux œufs.

Il vit heu reux au mi li eu des bois.

Sa sœur est ma ri ée à un pê cheur.

Elle a un nœud dans les che veux.

Il mange deux tartines de beurre à son petit déjeuner.

Il mange deux tartines de beurre à son petit déjeuner.

Révision   veu   ven   vei   noi   nou

nœu   pei   pen   peu   pou

ASTUCE
Bœuf et *œuf* changent de prononciation s'il y en a plusieurs. On dit : « dé beu, dé zeu ».

fr, vr, pr, tr
cr, br, dr, gr

fraise

Lis ces syllabes.

tra	vri	proi	tro	cru	bré	dra	gre
tra	vri	proi	tro	cru	bré	dra	gre

Lis ces mots.

Son frère	pauvre	propre	un trou
le froid	la chèvre	le prix	une tranche
une gaufre	un livre	une prune	une entrée
un crabe	une broche	droit	grand
un crapaud	une branche	drôle	une grappe
du sucre	un zèbre	un drapeau	du vinaigre

Lis ces phrases.

Mon frère a eu la grippe.
J'apprends à lire et à écrire.
On frappe à la porte : ouvre.

L'autruche pond de très gros œufs.
Le nombre treize est après douze.
L'orange, le citron sont des agrumes.

De tous les fruits, je préfère les fraises et les abricots.

De tous les fruits, je préfère les fraises et les abricots.

révision

pou	pra	dro	dor	goi
gri	fui	frai	ton	tran

ASTUCE
Pour bien lire
un mot nouveau qui a un **r**
après une consonne,
il faut prolonger le son « r » :
frrraise, chèvrrre.

fl, pl
cl, bl, gl

fleur

Lis ces syllabes.

clo	bla	pli	glou	flu	cle	plon	blé
clo	bla	pli	glou	flu	cle	plon	blé

Lis ces mots.

une fleur	la pluie	une clé	bleu	la glace
un flacon	le plafond	un clou	agréable	glisser
une flamme	une plume	une boucle	un meuble	un ongle
un sifflet	une plante	mon oncle	un cartable	un aigle

Lis ces phrases.

J'ai un cartable tout neuf.
Elle a perdu sa règle plate.
Il fait de la planche à voile.
Pose le plateau sur la table.

En classe, nous avons un tableau blanc.
À la plage, elle fait un château de sable.
Il souffle très fort pour gonfler sa bouée.
Il va pleuvoir. N'oublie pas le parapluie.

Claire et Florence ont une blouse blanche.

Claire et Florence ont une blouse blanche.

Révision

ca	bi	cla	flou	poi
bli	ploi	gu	fou	glu

ASTUCE
Si on lit au ralenti,
on entend mieux
tous les sons d'un mot :
fff.lll.eu.eu.rrrr.

ent
(pluriel des verbes)

ils jouent

Lis ces phrases au singulier, puis au pluriel.

La balle roule.
Les balles roulent.

Le cheval galope.
Les chevaux galopent.

La pie s'envole.
Les pies s'envolent.

Il chante.
Ils chantent.

Elle rêve.
Elles rêvent.

Il arrive.
Ils arrivent.

Elle tourne.
Elles tournent.

ASTUCE
On trouve les lettres **ent** à la fin de mots qui indiquent *ce qu'on fait* (les verbes). Elles marquent le pluriel et elles sont muettes.

Lis cette petite histoire.

Deux renards s'approchent de la cage aux poules et bondissent. Les pauvres bêtes s'affolent, crient et tombent de leur perchoir. Elles courent dans tous les sens. Heureusement, Bobi a entendu le bruit. Il aboie très fort et se précipite vers la cage. Les renards prennent peur et se sauvent à toute vitesse. Alors, les poules montent à nouveau sur leur perchoir et se rendorment.

Lis cette phrase.

Les voitures s'arrêtent, puis elles démarrent au feu vert.

Les voitures s'arrêtent, puis elles démarrent au feu vert.

tention !

un moment	le présent	souvent
comment	être content	urgent

ASTUCE
ent se lit « an » quand un mot ne peut pas se dire avec *ils* ou *elles*.

qu qu Q

masque

Lis ces syllabes.

que	qui	quen	quin	quel	quoi	queu	quan
que	qui	quen	quin	quel	quoi	queu	quan

Lis ces mots.

quatre	un requin	la musique	une casquette
quatorze	quitter	le cirque	une étiquette
quarante	en plastique	magique	des briques
le quai	l'équilibre	une barque	une clinique

Lis ces phrases.

Que remarques-tu ?	Quelle est la marque de sa raquette ?
Pour qui est ce bouquet ?	Les quinze joueurs de l'équipe sont prêts.
J'ai reçu ton paquet hier.	Nina nous taquine, elle se moque de nous.
Où as-tu pique-niqué ?	Je l'ai vu dans une boutique du quartier.

Papa passera à la banque avant qu'elle ferme.

> **ASTUCE**
> La lettre **q** est toujours mariée à un **u** et on a le son « c » de *canard* : *masque*. Sauf dans *coq* et *cinq*.

Papa passera à la banque avant qu'elle ferme.

Révision

boi	qui	don	pui	gan
feu	zou	tin	chau	quel

WEB
10

gu gu

guitare

Lis ces syllabes.

gui   gue   gueu   guin   guen   guette   gué   guer

gui   gue   gueu   guin   guen   guette   gué   guer

Lis ces mots.

une guêpe	une bague	fatigué	la langue
un guidon	des vagues	déguisé	une mangue
une guenon	des figues	naviguer	un collègue
un guépard	une guirlande	conjuguer	une meringue

Lis ces phrases.

Il zigzague sur la piste.
La guerre est terminée.
Il navigue seul sur le canal.
Cette planche est rugueuse.

Le coiffeur a fait aiguiser ses ciseaux.
Achète un paquet de figues sèches.
Je t'offre un bouquet de marguerites.
Il coupe de longues baguettes de bois.

Le guépard se cache pour guetter les gazelles.

Le guépard se cache pour guetter les gazelles.

Révision

mou	gue	fli	gen	pra
queu	jau	non	soi	qui

ASTUCE
Avant e et i,
les lettres g et u sont
mariées pour avoir le son « g »
de *gâteau* : une *guitare*.

gn gn

champignon

Lis ces syllabes.

gna	gno	gne	gnu	gné	gnon	gnan	gnai

gna gno gne gnu gné gnon gnan gnai

Lis ces mots.

une ligne	un agneau	un signal	s'éloigner
un signe	une araignée	un oignon	grogner
un peigne	la montagne	une poignée	souligner
la vigne	la campagne	une cigogne	accompagner

Lis ces phrases.

On a cogné à la porte.

Ce bébé est très mignon.

Il faut que tu signes la lettre.

Téo s'est égratigné les genoux.

Il a ramassé des champignons.

Je me suis baigné dans la rivière.

Elle chantait comme un rossignol.

Maman l'a soigné car il saignait.

Il a franchi la ligne d'arrivée en tête : il a gagné !

Il a franchi la ligne d'arrivée en tête : il a gagné !

Révision

gin	gne	ge	gan	gui
gna	gra	geon	gon	gué

ASTUCE

Les lettres **g** et **n** sont mariées pour avoir le son « gn » : *une ligne*.

52

ph *ph*

éléphant

Lis ces syllabes.

pho   phi   phan   phon   phin   phé   phil   phe

pho   phi   phan   phon   phin   phé   phil   phe

Lis ces mots et ces prénoms.

un phare	le téléphone	l'alphabet	Philippe
un phoque	un dauphin	l'orthographe	Sophie
une photo	un éléphant	la pharmacie	Delphine
une phrase	un siphon	un saphir	Théophile

Lis ces phrases.

Le phacochère est une sorte de sanglier d'Afrique.

La baleine, le dauphin et le phoque sont des mammifères.

Pour l'anniversaire de Sophie, un photographe a pris des photos.

À la pharmacie, Maman a demandé un produit contre les aphtes.

Je connais toutes les lettres de l'alphabet.

Je connais toutes les lettres de l'alphabet.

Révision   pla   pha   bla   pra   phin

            prin   quin   droi   phoi   ploi

ASTUCE

Les lettres **p** et **h** sont mariées et on a le son « **f** ». Il y a **ph** à la place de **f** pour rappeler l'origine de certains mots.

53

oin oin

pointu

 Lis ces syllabes.

moin	soin	foin	coin	join	goin	poin	loin

moin soin foin coin join goin poin loin

 Lis ces mots.

le moins	au loin	pointu	un coin de rue
à point	une pointe	rejoindre	le groin du porc
les soins	un témoin	un goinfre	un coup de poing
le foin	le besoin	le conjoint	de la pâte de coing

 Lis ces phrases.

Il fait moins froid ce matin.

Il nous a rejoints à la gare.

Il prend soin de ses affaires.

Maman a acheté de la gelée de coing.

Il mange trop vite : c'est un goinfre !

Le mari s'appelle aussi le conjoint.

Il a été témoin de l'accident : il a tout vu. On a besoin de lui.

On n'habite pas loin, juste après le rond-point.

On n'habite pas loin, juste après le rond-point.

Révision

pon	poin	vin	foi	bou
goin	mau	gna	phan	nœu

ASTUCE

Dans **oin**, il y a deux sons. Le premier se dit comme un **o** soufflé. Le second s'entend bien : c'est « **in** ».

ion *ion*

lion

sion   pion   gion   mion   lion   nion   tion   vion

sion   pion   gion   mion   lion   nion   tion   vion

Lis ces mots.

un avion	une réunion	la solution	la population
un camion	une révision	une addition	une habitation
un scorpion	une émission	la dentition	l'alimentation
une question	une occasion	une collection	une inondation

> **ASTUCE**
> Dans **ion**, il y a deux sons : « i.on ».
> Avec un **t**, on a **tion** et on lit « sion »
> comme dans *solution*, mais après **st** on lit
> « st-ion » comme dans *question*.

Lis ces phrases.

Les piétons doivent faire attention en traversant la rue.

Pendant la réunion, chaque personne a donné son opinion.

L'addition, la soustraction et la multiplication sont des opérations.

J'ai reçu une invitation pour aller voir des collections de timbres.

J'aimerais assister à une émission de télévision.

J'aimerais assister à une émission de télévision.

évision   tion   moin   bio   gon   poi
             zion   phé   tian   din   coin

ien *ien*

chien

Lis ces syllabes.

rien	sien	gien	lien	tien	cien	dien	vien
rien	*sien*	*gien*	*lien*	*tien*	*cien*	*dien*	*vien*

Lis ces mots.

bien	rien	un collégien	un chirurgien
le mien	ancien	un Indien	un pharmacien
le tien	combien	un gardien	un informaticien
le sien	quotidien	un musicien	un électricien

> **ASTUCE**
> Dans **ien**,
> il y a deux sons :
> « i » et « en » qui se lit
> comme « in ».

Lis ces phrases.

Fabien est gardien de but. | Les Italiens ont battu les Brésiliens.
C'est le mien, pas le tien. | Le mécanicien répare un ancien moteur.
Ta lettre est bien arrivée. | Le chapeau du magicien semblait vide.
Qui entretient la machine ? | Son chien revient dès qu'on l'appelle.

Julien ira chez l'opticien pour choisir des lunettes.

Julien ira chez l'opticien pour choisir des lunettes.

Attention !   patient   un client   le quotient

un récipient   un inconvénient

> **ASTUCE**
> Ces mots
> terminés par **ient**
> se lisent « ian ».
> Ce sont des noms
> ou des adjectifs.

56

ain ain ein ein

main
peinture

Lis ces syllabes.

gain   vain   main   lain   pein   tein   rein   fein

gain   vain   main   lain   pein   tein   rein   fein

Lis ces mots.

du pain	demain	plein	les freins
un bain	des grains	peindre	les reins
la main	un terrain	éteindre	la peinture
un train	un refrain	atteindre	une ceinture

Lis ces phrases.

Soudain, Téo a levé la main.   Romain a beaucoup de copains.
Il craint le froid et la neige.   Il boucle sa ceinture et démarre.
On reviendra demain matin.   Des peintres ont repeint les volets.
Une haie entoure le terrain.   Son vélo a de bons freins, maintenant.

> **ASTUCE**
> Les groupes de lettres
> **ain** et **ein** se lisent comme **in**.
> Les lettres **a** et **e** sont muettes.

Le peintre tient sa palette de la main gauche.

Le peintre tient sa palette de la main gauche.

Révision   tien   vin   lein   rain   coi
                rian   men   pou   fau   ban

57

y «i»   𝒴   Y

pyjama

Lis ces syllabes.

cy	ly	ny	ry	sy	gy	ty	ney
cy	ly	ny	ry	sy	gy	ty	ney

Lis ces mots.

un stylo	un pyjama	un cycliste	la gymnastique
un lycée	un mystère	un yaourt	une bicyclette
un jury	une syllabe	une hyène	un hymne
un poney	le nylon	le tympan	le rythme

Lis ces phrases.

Sylvie fait du yoga.	On lui a fait une analyse de sang.
Cyril est sympathique.	Papy a vu les pyramides d'Égypte.
Le python est un serpent.	Il est champion olympique de cyclisme.
Un cyclone a tout dévasté.	Les hydravions se posent sur l'eau.

La lyre et la cymbale sont des instruments de musique.

La lyre et la cymbale sont des instruments de musique.

Révision   pli   brai   croi   symé   phil
cer   gau   tour   san   lyr

ASTUCE
Parfois, la lettre y remplace la lettre i pour rappeler l'origine d'un mot. Elle se lit « i ».

58

y « ii »

crayon

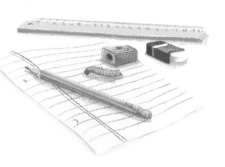

Lis ces groupes de lettres.

oyé (oi-ié)   ayu (ai-iu)   uya (ui-ia)   uyer (ui-ié)   oyeu (oi-ieu)

oyé   ayu   uya   uyer   oyeu

Lis ces mots.

joyeux	aboyer	un rayon	bruyant
un voyage	envoyer	un pays	essuyer
une voyelle	un voyageur	un paysan	appuyer
un noyau	le nettoyage	essayer	un tuyau

ASTUCE
Prononce le mot avec y lentement, en syllabes : *joyeux* → « joi-ieu » ; *pays* → « pai-i ».

Lis ces phrases.

Le zèbre a des rayures.
Le tuyau est encore percé.
J'ai des crayons de couleurs.
Sa sœur est au cours moyen.

Les voyageurs aiment ce paysage.
Elle doit payer son loyer chaque mois.
Ils ont installé un broyeur sous l'évier.
Son chien aboyait quand il le voyait.

Téo a essuyé les verres et Nina a balayé la cuisine.

Téo a essuyé les verres et Nina a balayé la cuisine.

évision   cycl   rayé   sty   puyon   nyl
                                      ryt   toyai   syl   suyé   loya

ASTUCE
y = deux i si on a une voyelle juste avant (a, o, u).

ill *ill*

papillon

 Lis ces syllabes.

till	nill	bill	grill	dill	quill	pill	rill
till	*nill*	*bill*	*grill*	*dill*	*quill*	*pill*	*rill*

 Lis ces mots.

une fille   gentille   briller   un grillage
une bille   la famille   griller   un tourbillon
la vanille   la cheville   habiller   un coquillage
une chenille   une myrtille   une béquille   un échantillon

 Lis ces phrases.

Nina aime la crème chantilly.   On a mangé des lentilles en salade.
As-tu déjà joué aux quilles ?   Il suce des pastilles contre la toux.
L'anguille est un poisson.   Une fois habillée, on l'a maquillée.
Le gorille est un grand singe.   J'ai envoyé une jolie carte à Camille.

Le chien a mordillé les espadrilles neuves de Téo.

Le chien a mordillé les espadrilles neuves de Téo.

Exceptions mille   un million   un milliard
une ville   un village   tranquille

ASTUCE

La plupart des mots qui ont les lettres **ill** se prononcent comme dans *papillon*, sauf dans quelques mots comme *ville*.

aill, eill
euill, ouill

abeille

Lis ces syllabes.

paill   caill   teill   seill   reuill   feuill   nouill   douill

paill   caill   teill   seill   reuill   feuill   nouill   douill

Lis ces mots.

un portail	le soleil	un fauteuil	le fenouil
le travail	un réveil	un écureuil	la rouille
la paille	une bouteille	une feuille	se mouiller
des cailloux	un oreiller	le feuillage	une grenouille

> **ASTUCE**
> On trouve **ail**, **eil**, **euil**, **ouil** avec un seul **l**, à la fin des mots masculins : *le soleil.*

Lis ces phrases.

Mireille a eu les oreillons.
On se débrouillera seuls.
Il travaille à Marseille.
Elle a gagné une médaille.

Il s'est barbouillé de gelée de groseille.
Enlève la rouille et repeins le portail.
Papy le surveille depuis son fauteuil.
L'épouvantail a fait peur aux oiseaux.

Le jardinier a coupé les broussailles et taillé la haie.

Le jardinier a coupé les broussailles et taillé la haie.

pill   baill   vien   teuill   join
rouil   vion   teill   gain   veau

> **ASTUCE**
> À cause des lettres **c** et **g**, **eu** de **euill** s'écrit à l'envers : **ue** (*cueillir, orgueil*). Mais il se lit toujours « eu ».

k *k* K

ch «k»

kangourou

Lis ces syllabes.

ka	ker	kio	kim	chro	chry	chri	chré
ka	ker	kio	kim	chro	chry	chri	chré

Lis ces mots.

un képi   kaki   un kiosque   la chorale

un koala   le moka   une kermesse   le chœur

un kimono   le ski   un kilomètre   un orchestre

le karaté   un bifteck   un kilogramme   une chronique

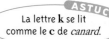

ASTUCE
La lettre **k** se lit
comme le **c** de *canard.*

Lis ces phrases.

Christophe ira faire du ski.   Le chrysanthème est une fleur.

La chorale a été applaudie.   Il entoure le paquet de papier kraft.

Paul est kinésithérapeute.   Un papillon est sorti de sa chrysalide.

Le kouglof est un gâteau.   Il mange son bifteck avec du ketchup.

On l'a chronométré sur trois kilomètres.

On l'a chronométré sur trois kilomètres.

Révision   paill   ayo   chro   chou   feuill

nill   phie   goin   pian   pyr

ASTUCE
Dans certains mots,
pour vérifier
si **ch** se lit « k »,
lis à haute voix.

X x X

taxi

Lis ces groupes de lettres.

vex   box   tax   dex   fix   max   ext   exp

vex   box   tax   dex   fix   max   ext   exp

Lis ces mots.

la boxe	fixé	mixte	la réflexion	une excuse
un taxi	vexé	une taxe	une fixation	l'extérieur
l'index	le luxe	un silex	klaxonner	une explication
un texte	exprès	extra	un saxophone	une exposition

un exercice	exotique	un examen	exagérer
un exemple	exiger	exactement	exister

> **ASTUCE**
> Dans les mots, la lettre **x** se lit « ks ». Mais pour un mot qui commence par **ex-**, on lit « gz » si la lettre qui suit est une voyelle : *exercice*.

Lis ces phrases.

Je ne l'ai pas fait exprès.

On s'exerce pour le concours.

Je crois que tu as exagéré !

Le médecin l'a examiné.

Il se gratte l'oreille avec l'index.

Le taxi a fait un excès de vitesse.

Roxane habite une maison luxueuse.

Alexandra joue du xylophone.

Félix conduit un camion qui transporte des produits toxiques.

Un bon conducteur doit avoir de bons réflexes.

> **ASTUCE**
> La lettre **x** peut se lire comme un **s** *(six)* ; comme un **z** *(sixième)* ou être muette *(doux)* !

Un bon conducteur doit avoir de bons réflexes.

W ω 𝕎
ï, um, e «a»

kiwi

Lis ces mots.

un wagon	le maïs	un album	une femme
un kiwi	égoïste	un géranium	prudemment
un western	une héroïne	le minimum	évidemment
le water-polo	une mosaïque	le maximum	fréquemment

ASTUCE

La lettre **w** se lit comme un son
« ou » soufflé, mais elle se lit « v » dans *wagon*.
S'il y a un **ï**, c'est que deux voyelles
se lisent séparément *(ma-ïs)*.

Lis ces phrases.

Téo est monté dans le wagon.

J'ai vu son album de photos.

C'est un bouquet de glaïeuls.

Elle attendait patiemment.

Il conduit très prudemment.

Le caïman est une sorte de crocodile.

Tu es naïf : tu crois tout ce qu'on te dit !

Il a un aquarium de poissons exotiques.

Nina a regardé un western à la télévision.

Les géraniums du balcon sont en fleurs.

Ces assiettes blanches ne sont pas en porcelaine, mais en faïence.

Sa femme conduisait vite : sa voiture a violemment heurté le trottoir.

Le wapiti est un grand cerf d'Amérique du Nord.

Le wapiti est un grand cerf d'Amérique du Nord.

ASTUCE

Les lettres **um** se lisent « o.m' » en fin de mot
(sauf *parfum*). Le groupe de lettres **emm** peut
se lire « amm » comme dans *femme*.

Histoires à lire

Le petit chien et les chatons

Le jeune Miraut vint flairer les petits chats.
Il se coucha sans hésiter à côté d'eux et s'endormit.

La maman chatte s'était levée sur ses quatre pattes,
curieuse de ce nouvel arrivant
qu'elle ne connaissait point encore.
Le cou tendu, les yeux ronds,
elle avait suivi avec un immense intérêt
ses évolutions dans la pièce.

Légère, elle sauta de son canapé
et s'approcha des trois bêtes dormant en tas.
La langue râpeuse lécha tour à tour
Mitis et Moute, ses enfants,
puis à deux ou trois reprises,
après l'avoir bien flairé, elle lécha
de même les poils du crâne
du jeune toutou.
Il ne se réveilla pas pour autant
et continua de reposer en paix
entre ses deux frères adoptifs.

D'après LOUIS PERGAUD,
Le roman de Miraut.

À quatre ans

Lorsqu'elle allait au marché, ma mère me laissait dans la classe de mon père, qui apprenait à lire à des gamins de six ou sept ans. Je restais assis, bien sage, au premier rang. Un beau matin, elle me déposa à ma place, et sortit pendant que mon père écrivait sur le tableau : « La maman a puni son petit garçon qui n'était pas sage. »

Tandis qu'il écrivait le point final, je criai :

« Non ! Ce n'est pas vrai ! »

Mon père se retourna soudain, me regarda stupéfait, et s'écria :

« Qu'est-ce que tu dis ?

– Maman ne m'a pas puni ! Tu n'as pas bien écrit ! »

Il s'avança vers moi :

« Qui t'a dit qu'on t'avait puni ?

– C'est écrit. »

La surprise lui coupa la parole un moment.

« Voyons, voyons, dit-il enfin, est-ce que tu sais lire ?

– Oui. »

Alors, il alla prendre un livre et je lus sans difficulté plusieurs pages… Je crois que mon père eut ce jour-là la plus grande joie, la plus grande fierté de sa vie.

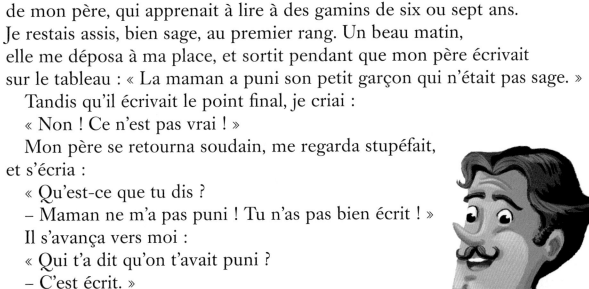

D'après MARCEL PAGNOL,
La gloire de mon père,
éd. de Fallois.

À l'école

Les bêtes se placèrent derrière les fillettes.
Lorsque la maîtresse eut frappé dans ses mains, les nouveaux écoliers entrèrent en classe sans faire de bruit et sans se bousculer. Tandis que le chien, le sanglier et le cochon s'asseyaient parmi les fillettes, la petite poule blanche se perchait sur le dossier d'un banc et le cheval, trop grand pour s'attabler, restait debout au fond de la classe.

La maîtresse parla d'un roi très cruel qui avait l'habitude d'enfermer ses ennemis dans des cages de fer.

– Heureusement, dit-elle, les temps ont changé et à notre époque, il ne peut plus être question d'enfermer quelqu'un dans une cage.

– On voit bien, dit la petite poule blanche,
que vous n'êtes pas au courant de ce qui se passe
dans le pays. J'ai vu bien souvent des malheureuses
poules enfermées dans des cages et
c'est une habitude qui n'est pas près de finir.

– C'est incroyable ! s'écria le sanglier.

La maîtresse était devenue très rouge, car elle
pensait aux deux poulets qu'elle tenait prisonniers
dans une cage pour les engraisser. Elle se promit
de leur rendre la liberté après la classe.

D'après MARCEL AYMÉ, *Les contes rouges du chat perché*.

L'ogre et le chat botté

Le chat botté arriva dans un beau château dont le maître était un ogre. Il demanda à lui parler.

L'ogre le reçut bien et le fit reposer.

– On m'a raconté, dit le chat, que vous aviez le don de vous changer en toutes sortes d'animaux, que vous pouviez, par exemple, vous transformer en lion, en éléphant.

– C'est vrai, répondit l'ogre, et pour vous le montrer, vous allez me voir devenir lion.

Le chat fut si effrayé de voir un lion devant lui, qu'il se réfugia aussitôt sur les gouttières malgré ses bottes qui le gênaient pour marcher sur les tuiles.

Quand l'ogre eut quitté sa peau de lion, le chat descendit et avoua qu'il avait eu bien peur.

– On m'a raconté encore, dit le chat, que vous aviez aussi le pouvoir de prendre la forme des plus petits animaux. On dit que vous pourriez vous changer en rat, ou en souris. Je vous avoue que cela me paraît tout à fait impossible !

– Impossible ? reprit l'ogre, vous allez voir…

Et il se changea en une souris qui se mit à courir sur le plancher.

Le chat se jeta aussitôt sur elle et la mangea, débarrassant ainsi le pays de l'ogre.

D'après CHARLES PERRAULT, *Le Chat botté*.

Icare, l'homme-oiseau

Icare et son père sont prisonniers dans le Labyrinthe. Pendant des jours et des jours, ils marchent. Partout les mêmes murs, partout les mêmes portes. C'est un vrai cauchemar !

Soudain, Dédale dit à son fils :

– Regarde là-bas ! C'est le jour !

Ils courent vers la lumière avec des cris de joie. Mais le Labyrinthe se termine par une falaise qui plonge dans la mer ! Impossible de s'évader…

De grands oiseaux s'envolent. Dédale tend la main vers une plume blanche qui tombe d'une aile.

– Le seul chemin pour s'évader, dit-il, c'est le ciel ! Nous aussi, nous volerons. Mais il nous faut des ailes.

Pendant des semaines, Icare et son père amassent toutes les plumes qu'ils peuvent trouver. Puis Dédale se met au travail. Il coud les longues plumes sur des baguettes de bois souple. Avec de la cire, il colle les petites plumes une à une.

Un jour, les ailes immenses sont prêtes… Enfin, Dédale et son fils s'élancent. Avec leurs ailes, ils courent jusqu'au bord de la falaise. En bas, la mer gronde en s'écrasant contre les rochers.

Dédale et Icare regardent l'horizon. Un dernier pas et ils se jettent dans le ciel…

Ils planent. Ils ont réussi. Ils sont libres.

D'après la légende grecque, *Icare, l'homme-oiseau*, collection « Ratus Poche », Hatier Jeunesse.
(Illustration d'Hervé Florès)

La chèvre savante

La bohémienne s'arrêta de danser et le peuple l'applaudit avec amour.

– Djali, dit-elle.

Alors Gringoire vit arriver une jolie petite chèvre blanche, alerte, éveillée, lustrée, avec des cornes dorées, avec des pieds dorés, avec un collier doré, qu'il n'avait pas encore aperçue, et qui était restée jusque-là accroupie sur un coin du tapis à regarder danser sa maîtresse.

– Djali, dit la danseuse, à votre tour.

Et s'asseyant, elle présenta à la chèvre son tambourin.

– Djali, continua-t-elle, à quel mois de l'année sommes-nous ?

La chèvre leva son pied de devant et frappa un coup sur le tambourin. On était en effet au premier mois. La foule applaudit.

– Djali, reprit la jeune fille en tournant son tambourin de l'autre côté, à quel jour du mois sommes-nous ?

Djali leva son petit pied d'or et frappa six coups sur le tambourin.

– Djali, poursuivit la bohémienne toujours avec un nouveau manège du tambourin, à quelle heure du jour sommes-nous ?

Djali frappa sept coups. Au même moment, l'horloge de la Maison-aux-Piliers sonna sept heures.

Le peuple était émerveillé. Les applaudissements éclatèrent.

D'après VICTOR HUGO,
Notre-Dame de Paris.

Le chien de la concierge

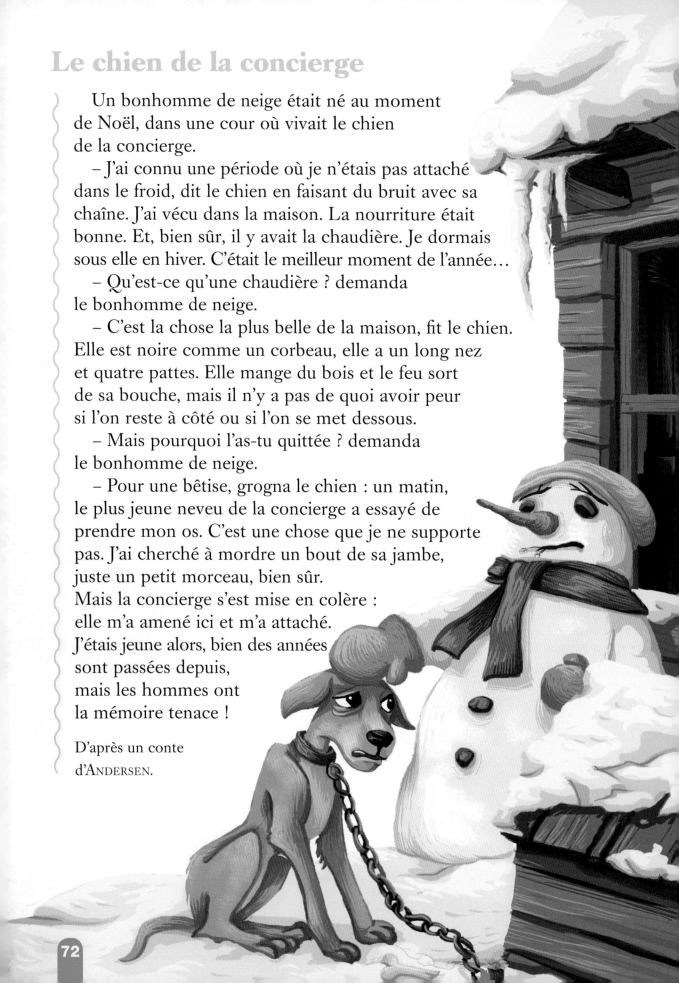

   Un bonhomme de neige était né au moment
de Noël, dans une cour où vivait le chien
de la concierge.

   – J'ai connu une période où je n'étais pas attaché
dans le froid, dit le chien en faisant du bruit avec sa
chaîne. J'ai vécu dans la maison. La nourriture était
bonne. Et, bien sûr, il y avait la chaudière. Je dormais
sous elle en hiver. C'était le meilleur moment de l'année…

   – Qu'est-ce qu'une chaudière ? demanda
le bonhomme de neige.

   – C'est la chose la plus belle de la maison, fit le chien.
Elle est noire comme un corbeau, elle a un long nez
et quatre pattes. Elle mange du bois et le feu sort
de sa bouche, mais il n'y a pas de quoi avoir peur
si l'on reste à côté ou si l'on se met dessous.

   – Mais pourquoi l'as-tu quittée ? demanda
le bonhomme de neige.

   – Pour une bêtise, grogna le chien : un matin,
le plus jeune neveu de la concierge a essayé de
prendre mon os. C'est une chose que je ne supporte
pas. J'ai cherché à mordre un bout de sa jambe,
juste un petit morceau, bien sûr.
Mais la concierge s'est mise en colère :
elle m'a amené ici et m'a attaché.
J'étais jeune alors, bien des années
sont passées depuis,
mais les hommes ont
la mémoire tenace !

D'après un conte
d'Andersen.

Renart et la mésange

Renart n'a pas mangé depuis deux jours.
Son estomac crie la faim. Il aperçoit une mésange
occupée à faire son nid sur la branche d'un chêne.

– C'est un plaisir de vous voir, dit-il.
Descendez de votre branche et embrassons-nous comme deux amis.

La mésange n'est pas sotte. Elle lui fait :

– Tout beau, Renart ! Je vous connais !
Vous avez mangé la famille de ma tante, ma cousine
la poule, sans compter les lapins des environs.

– En ce temps-là, dit le goupil, j'avais faim.
Mais aujourd'hui, tout est changé.
Messire Noble le lion a proclamé la paix.
Si vous voulez, je vous embrasserai les yeux fermés.
Vous verrez que je ne mens pas.

– Par ma foi, j'accepte, dit la mésange. Fermez les yeux
et je descends de ma branche.

Renart ferme les yeux. La mésange prend un paquet de mousse
au fond de son nid et s'approche du goupil. L'embrasser ?
Non, elle n'est pas folle ! Elle lui frotte les moustaches
avec ce qu'elle tient dans ses pattes. Renart croit que
c'est l'oiseau. D'un coup de crocs, il essaie de l'attraper.
Mais rien ! Juste un peu de mousse qui reste accrochée
à ses moustaches.

La mésange est déjà remontée sur sa branche
et rit de bon cœur.

D'après *Le roman de Renart.*

Mission petite souris

Un message s'affiche sur un petit écran :

Urgent ! Dent à ramasser !
2 rue du moulin
à Trifouillis Glin-Glin.

Monsieur Loup saute sur son vieux vélo. Il s'écrie :
– Fasti-Fastoche ! En route pour Trifouillis :
je vais remplacer la petite souris !

Un moment plus tard, il arrive à destination.
L'appareil bizarre sonne et vibre à nouveau. Il clignote et indique :

Rendez-vous au premier étage,
chambre de Quentin.

Fasti-Fastoche ! Mais… comment monter au premier étage ?
– Je ne peux tout de même pas passer par la porte !

Alors, Monsieur Loup grimpe à l'arbre voisin. Hopla !
Un peu d'équilibre sur une branche et il s'approche de la fenêtre.

Quentin est assis sur son lit. Le loup bougonne :
– Prendre la dent sous l'oreiller sans se faire
remarquer ? Pfff ! Ce serait plus simple d'entrer
et de pousser un hurlement effrayant.

Par chance, une voix demande au même moment :
– Mon chéri ? Tu t'es bien lavé les dents ?

Et Quentin sort de sa chambre.
Monsieur Loup en profite.
Fasti-Fastoche ! Il se faufile par
la fenêtre ouverte et avance
jusqu'au lit sur la pointe
des pattes. Chut ! Mais il hésite
en soulevant l'oreiller :
– Oups ! J'allais oublier !
Je dois laisser un petit cadeau
en échange de la dent.

PASCAL BRISSY, *Mission petite souris*,
collection « Ratus Poche », Hatier Jeunesse.
(Illustration de Joëlle Dreidemy)

Pantagruel, le bébé géant

Pantagruel était un bébé si grand, si fort, si vigoureux,
qu'on le mit dans un berceau très solide, et on l'attacha
avec quatre énormes chaînes pour qu'il ne fasse pas de dégâts.

Un jour, le géant Gargantua, son père, donna une grande fête
et offrit un banquet à tous les princes de sa cour.
Personne ne se soucia de Pantagruel, qui était à l'écart
dans son berceau, attaché par ses chaînes.

Voyant que l'on mangeait sans lui, Pantagruel trépigna tant des pieds
qu'il brisa le bout de son berceau, qui était pourtant fait de poutres de
bois. Il glissa ses pieds dehors, se leva et marcha, emportant son berceau
sur son dos, comme ferait une tortue debout sur ses pattes arrière.

C'est ainsi que le bébé géant entra dans la salle du banquet !
Mais comme il avait les bras attachés par les chaînes,
il ne pouvait rien prendre à manger, tout juste lécher des plats
du bout de la langue en se penchant bien.

Quand son père Gargantua le vit, il se mit
en colère et dit qu'on laissait son fils
mourir de faim. Il ordonna qu'on libère
Pantagruel. On le fit asseoir et il mangea tant,
il but tant, qu'il brisa son berceau
d'un coup de poing
et le mit en plus de cinq cent
mille morceaux, en jurant
qu'il n'y retournerait jamais.

D'après RABELAIS, *Pantagruel.*

Alphabet

a	A	_a_	_A_		n	N	_n_	_N_
b	B	_b_	_B_		o	O	_o_	_O_
c	C	_c_	_C_		p	P	_p_	_P_
d	D	_d_	_D_		q	Q	_q_	_Q_
e	E	_e_	_E_		r	R	_r_	_R_
f	F	_f_	_F_		s	S	_s_	_S_
g	G	_g_	_G_		t	T	_t_	_T_
h	H	_h_	_H_		u	U	_u_	_U_
i	I	_i_	_I_		v	V	_v_	_V_
j	J	_j_	_J_		w	W	_w_	_W_
k	K	_k_	_K_		x	X	_x_	_X_
l	L	_l_	_L_		y	Y	_y_	_Y_
m	M	_m_	_M_		z	Z	_z_	_Z_

Table des matières

Une collection adaptée
à tous les âges
et toutes les envies de lecture

- 4 niveaux de lecture

6 ans et +
niveau **1**
TOUTES PREMIÈRES lectures

6•7 ans et +
niveau **2**
PREMIÈRES LECTURES

7•8 ans et +
niveau **3**
BONS lecteurs

8•10 ans et +
niveau **4**
TRÈS BONS lecteurs

- des questions-dessins
- l'explication des mots difficiles
- des jeux de lecture (niveaux 1, 2 et 3)

... et encore beaucoup d'autres histoires dans la collection !